COLEÇÃO SLAM

BRAD WALROND (EUA)
INGRID MARTINS (SP)
BICHA POÉTICA (CE)
WARLEY NOUA (SP)
BOR BLUE (PA)
CARÚ (SP)
MAMBA NEGRO (SP)
KATRINA (SP)
JoMAKA (MG)
TOM GRITO (RJ)

LGBTQIA+

Organização: Emerson Alcalde

Projeto gráfico, capa e diagramação: YAN Comunicação

Revisão: Cristina Assunção

Coordenação editorial: FALA

Ano: 2024

Dados Internacionais de Catalogação na Publicação (CIP)
(eDOC BRASIL, Belo Horizonte/MG)

L687   LGBTQIA+ / Brad Walrond... [et al.]; organizador Emerson Alcade. –
São Paulo, SP: Autonomia Literária, 2019.
150p. : 10 x 15 cm – (SLAM; v. 4)

"Vários autores"
ISBN 978-85-69536-54-3

1. Poesia brasileira. I. Alcade, Emerson.

CDD B869.1

Elaborado por Maurício Amormino Júnior – CRB6/2422

SUMÁRIO

BRAD WALROND (EUA) 04

INGRID MARTINS (SP) 18

BICHA POÉTICA (CE) 28

WARLEY NOUA (SP) 42

BOR BLUE (PA) 60

CARÚ (SP) 72

MAMBA NEGRO (SP) 86

KATRINA (SP) 98

JoMaKa (MG) 108

TOM GRITO (RJ) 120

BIOGRAFIAS 130

1986: UMA ELEGIA PARA NOSSA GUERRA MAIS FRIA

BRAD WALROND

foto: Brandon Naylor

1986: UMA ELEGIA PARA NOSSA GUERRA MAIS FRIA

TRADUÇÃO:
CAMILA CRISTINA
DE OLIVEIRA ALVES

em comemoração ao aniversário de 30 anos da GMAD ao lado do legado de negros gays se organizando em nome de si mesmos em resposta à homofobia, ao racismo e à pandemia do HIV/AIDS

Pode ser que o Ballroom sempre foi nossa opção Nuclear
Um abrigo de pedra rabiscada se torna uma eira
Como sobrevivemos à nossa Guerra Mais Fria

Uma Mãe um Pai uma casa inteira cheia de bebês
enfiados numa manjedoura tecida no fio da esquina da rua
flexível o suficiente para criar a nós todos

nascidos com ou sem pais
com ou sem ilhas

gerados dentro de bandeiras com ou sem listras
durante a leitura dos exames secundários

Impérios de stretched astride
e *Queens* muito Black para ser Britânica

muito gay para ser queer—
muito pobre para as coroas que merecemos.

§

Meninos e meninas nascidos além da sinalização
nas intersecções acima e abaixo da rua 42
onde os hormônios se traficam,

Controlando todas as regras. Quebrando todas as luzes
gozada além da escuridão tão Pentecostal
por sua própria beneficência

Pode ser que a cena Ballroom estabeleceu seu próprio alicerce
no topo de uma inferência. Como se por subterfúgio.
Como se fosse um trabalho cênico. Como se por premonição:

O modo como vivemos
O modo como morremos
O modo como fazemos transição

BRAD WALROND

Dentro e fora do espaço
Dentro e fora do tempo

Dentro e fora das academias & internatos
Com ou sem formação

Dentro e fora da dimensão
As vidas que nós todos atravessamos é uma performance.

§

1986: Que performance foi aquela!
No ano de nosso Senhor Junho dia 30, 1986
caso adjudicante 478 U.S. 186

também conhecido como Bowers v. Hardwick
a Suprema Corte cumpriu da Geórgia
leis de sodomia em uma decisão 5-4.

Nesse ano de 1986 de acordo com o dissidente Justice Blackmun

—ordenado por William Brennan Jr.
Thurgood Marshall e John Paul Stevens —

o tribunal mais alto da nossa nação
tornou-se "obsessivamente focado na atividade homossexual"

Então acontece nesse mesmo ano de 1986
um sonho de uma noite de verão que é legado
ao Reverendo Charles Angel.

uma nova fé começa a ser praticada dentro das
salas de estar de negros gays

exaustos, jogando Roleta Russa com seus
segredos

A BOLSA ROMPEU.

Homens Negros de Descendência Africana nasceram

14 de junho de 1986
Daniel Garret traga em uma linha de James Baldwin:

"Nossa história somos nós mesmos" e um grupo de gays negros
exala orgulho o bastante dentro de workshops de escrita para
inscrever para si uma nova nação:

Outros Países

se transcrevendo em um BlackHeart
Coletando a força vital iluminada condensada
dentro de Joseph's Beam

De certa forma, todos nós ainda vivemos amontoados, impacientes
sem o apoio de dentro do holograma de Joseph

Se Há Cura Para Isso, Eu Não Quero

Outubro de 1986
Craig Harris gay negro vivendo
com AIDS e caminhando autenticamente

pega o microfone do Comissário de Saúde de São Francisco
no primeiro seminário sobre AIDS da Associação Americana de
Saúde Pública
falando por todos nós, ele proclama: "Eu serei ouvido"

antes de Craig largar o mic
o Conselho Nacional de Minorias contra a AIDS
nasceu

Craig Harris, Paul Kawata, Gil Gerard,
Suki Ports, Marie St. Cyr

convide nossos eus coloridos para o Ball
porque o arco-íris
não era suficiente.

§

Nesta passarela Audre Lorde grita *Dear Joe*
& a pequena *juke box music surge*
no chão em que pisamos

Essa passarela é Batalha
Essa passarela é uma Extravaganza

Assista ouça aprenda
Essa Batalha É e Não É Sua

O MODO ANTIGO.   O NOVO MODO.

De qualquer maneira, significa perseverança
trabalhada a partir de diplomas imaginários do ensino médio

O MODO ANTIGO.   O NOVO MODO.

De qualquer maneira, significa perseverança fora de
nada além   da nossa pobreza   nossa d/eficiência,
nosso sexo   nosso privilégio   nossa morte
nossa vergonha

Um povo uma cultura uma forma de arte um novo começo nascem.

§

Quando os ciclos de vida se dividem em estações mais curtas
uma pandemia de falos dilatados vai britando inesperadamente
às vezes Deus abre   a segunda porta

1986 é a segunda porta
um portal no tempo tripulado pelas
Rainhas dos Malditos

uma passagem do meio se acumula em solo seco
Um rio ADODI colapsa ao lado de uma
Cidade de Nova Iorque Nilo

OS XAMÃS CANTAM:

DENTRO E FORA

GÊNERO.   DENTRO & FORA

DO LUGAR.   SACERDOTES
IORUBÁS

ANDAR BIZARRO.

§

Quando Meu Irmão Caiu

Eu não me importei com o quão rico ele era
O quão caribenho ele era
Como Ivy League seu carvalho venenoso
Quanta fruta sulista conservou suas veias

Quando Meu Irmão Caiu

Eu não me importei com quantas árvores do Prospect Park
suportaram testemunhá-lo fazendo amor. Não prestei atenção
com qual butch-queen-voguing-fem
ele estava transando

ENTRE OS ARBUSTOS

Ou quão grandes
quão grossos
quão pesados
os espinhos

ele deixou montar suas costas para o céu

Quando Meu Irmão Caiu
Eu peguei suas armas e nunca questionei
A categoria que ele andou

quanta maquiagem ele tinha
ou qual marca ela usava
de portas fechadas

Eu nunca questionei se
sua mãe sabia.   E se?
seu Pai
se importava

Eu continuei andando

§

Essex dizia: "não havia ninguém mais solitário do que você, Joseph"
30 anos depois, não vamos fazer assim dessa vez
O Ballroom colapsa classes inteiras em nações

Cada chamado recebe uma resposta
Cada nome cada categoria
cada não-binário
é uma intenção

Uma lei universal faz suas próprias regras
Divina em seus próprios limites
resultando em lendas a serem nascidas

Enquanto Paris Burns (Queima)
Santos de Assoto e Ninjas de Willie
ficam de guarda

um rio inteiro de meninos nascidos sem ossos
meninos nascidos sem colheres muito menos prata

meninos brilhantes nascidos em ilhas entre bairros
que rompem sob sua promessa de água salgada

De algum modo, o Ballroom sempre soube *por que*
Meninos e Meninas que nascem muito-fluidos-para-lares

precisam de casas

Essex dizia: *"Se devemos morrer na*
linha de frente não deixa a solidão
Nos Matar"

Se Há Cura Para Isso, Eu Não Quero

1986   1986   1986
É UMA CANÇÃO DE CASA NA MISSA DA MANHÃ

um break beat, um beat box, uma canção de natal, uma canção de amor, um canto de luto
um Museu das Crianças do Brooklyn nascido de novo
dentro de uma floresta de Donald Woods

1986

é um GMAD, um NMAC, um ADODI
um acentuado deus de Ébano

sobrevivendo por Joseph, Essex, Donald,
Willie, Assoto Saint, Craig Harris

Para todos nós nascidos Sobreviventes da Guerra Mais Fria
Com e sem pais.

NASCIDOS MUITO GAYS, MUITO QUEER PARA TER AS COROAS QUE MERECEMOS

INGRID MARTINS

foto: Sérgio Silva

1.

Como poetizar uma
transa? Como não baixar
o nível, quando o nível
da transa te faz ser
cada vez mais baixa?
Mais vulgar? Cada vez
mais louca pra gozar?
E a gente tem gozado
a vida! A cada dedo
que entra, eu sinto
um pulsar dentro de
mim. Eu que me faço
de poeta, me torno
monólogo, quando
no ouvido dela eu
só sei dizer:

Não para
Não para
Não para

Conhecer um corpo com a língua te faz ser geógrafo,
conhecedora de uma terra que mata sede, mas te deixa
cada vez mais sedenta. E mesmo sendo desbravadora,

tenho conhecido caminhos com intuito de me perder, e a cada marca, cicatriz, detalhes antes nunca visto, faço desse corpo mapa, e o tesouro é encontrado toda vez entre as pernas dela. São tantas descobertas que já me encontrei sendo poeta, geógrafa, e ainda mais fã de funk putaria. Nossos corpos a 150 BPM marca o ritmo, e faz o quarto esquentar como esquenta os bailes funk. E quanto mais ela rebola, mais eu jogo o dedo pro ar. Mais eu quero sentar, sentar, sentar, pra valer a pena, putaria que pode ser dentro do carro, do banheiro, no chão, na sala de casa. Uma transa não pode ser só uma transa. Transa é descoberta. É troca. E esse é o terceiro lençol que eu troco na semana. Aliás, descobrimos que somos profissionais em molhar a cama. E eu gosto é de ficar molhada!

ESSE CORPO QUE É 70% ÁGUA, QUER SE DERRAMAR A TODO INSTANTE,

seja nos dedos, na boca, ou em qualquer parte que ainda não tentamos, mas iremos tentar. Eu que nasci de uma foda, permaneci com a vida me fodendo, tenho descoberto que na verdade eu gosto mesmo é da fodida dela. É foda. É muito foda. Foda demais. E mesmo com o corpo cansado, com as pernas tremendo, eu só consigo pensar: fode mais.

INGRID MARTINS

2.

Tudo bem que tenhamos
terminado, ouvi dizer
que é assim mesmo, as
coisas acabam. Assim
como acaba o açúcar,
e você é obrigado
a tomar café puro.
Acaba como acaba o
bombom, e no final
sobra só a embalagem
suja, que você tenta
passar a língua pra
comer o resto, e
vê que não sobrou
nada. As coisas
acabam mesmo.

Não foi diferente com a Joelma e o Chimbinha. Com a Fátima Bernardes e o William Bonner. Comigo. Você. Tudo tem fim, a gente já sabia disso. Minha mãe já dizia: tem coisas que vem, acontece e acaba. Menos as contas pra pagar, isso sempre vai existir. Mas sejamos realistas, nós terminamos e isso é natural, até a natureza acaba. Você viu, o tomate que eu plantei acabou, assim como acabou o pé de hortelã, o pé de cebolinha, e aquela rosa que te dei e você não cuidou muito bem. Cê vê, as coisas acabam. É assim, quando vê já foi, quando foi nem viu, e assim como esse texto ruim, que também terá final, assim foi com a gente, e não que tenha sido intencional, ninguém opta pelo fim, eu mesma se pudesse estaria com meu pé de tomate até hoje! Mas assim é a vida, comigo aconteceu muitas vezes, muitas coisas acabaram pra mim, muitas coisas chegaram no fim, e infelizmente não tem muito o que fazer, não tem pra onde correr.

ENFIM, O QUE EU QUERIA MESMO DIZER, É QUE TUDO ACABA, MENOS A MINHA VONTADE DE BEBER.

INGRID MARTINS

3.

faz um tempo
que quero escrever
sobre
o amor que carrego no
peito
amor esse que nasceu
comigo
amor esse que me
pegou de jeito

quero falar também
sobre as festas em família
que fui com minha namorada
sobre os dias que andamos de mãos dadas
e não nos aconteceu nada
nada que nos causasse medo
nada que nos fizesse voltar pra casa mais cedo
não aconteceu nada
não aconteceu de nos xingar
não aconteceu de nos expulsarem
de um local porque estávamos nos beijando
não vi olhares de quem estivesse nos julgando
não ouvi boatos

Aliás, ouvi sim:
e dizia que nós formávamos um belo casal
concordei.
mas há dias
há meses que não escuto:

"AQUI NÃO É LUGAR PRA ISSO"
"OLHA AS CRIANÇAS"
"QUE DESPERDÍCIO"

há tempos que não vejo meu corpo marcado de preconceito
há tempos que não me reinvento
porque meu sapatão natural
não causa mais tanto nojo
tanto ódio
mau efeito
há tempos que não preciso me esconder
já faz um tempo que não tenho motivos para temer
e esse texto até parece ser algo bom
algo que só fale de amor

mas não
não se confunda
eu tô falando de dor
da dor que já senti.
da dor dos que vão nascer viados também vão sentir.
da dor que você não sentiu
mas meus amigos viados sentiram.
mas, a gente só queria amar e ser amado
nos beijar sem precisar ficar olhando para o lado
sem medo de sair bem viado
e ser espancado
há tempos
que só queremos viver sem ser notado
mas não sermos invisíveis
há tempos queremos viver dias menos difíceis
há tempos queremos ter voz

**JÁ FAZ UM LONGO TEMPO
QUE SÓ QUEREMOS VIVER
VIVER SEM MEDO
VIVER SEM DOR
VIVER SEM TRAUMA
SIMPLESMENTE
VIVER AMOR.**

- CONTRA INDICAÇÃO
- AI EU CHORAVA
- RAINHA PANDÊMICA

BICHA POÉTICA

foto: Dan Seixas

CONTRA INDICAÇÃO

Meu coração se aperta
Ele é um mero moinho...
Sinto minhas asas cortar
Igual asa de passarinho...

Eu penso só no menino
Que joga bola no oitão
Corpo cheio de melanina
É muito sopa, né não?

Os preto é alvo da peste
Pare de alienação
Com esse discurso fascista
De armar a população

É sangue preto na pista
Não tem pra abolição
Pois aboliram minha pele
Mas não a educação

É uma pena pretinho
Segura na minha mão
Quando calaram minha voz
Seja você o preto cão

Quando minhas pernas pesarem
Sinta minha respiração....

De quem tanto
Tem tanto medo
Por favor pensa em mim
É suspiro de desespero

Pressinto o meu corpo inteiro
Em constante ameaça
Tô dormindo de olho aberto
Pra eu não virar a caça

NÃO CAÇA
A MINHA RAÇA
RACISTA
AQUI NÃO PASSA

Só passa
Os manos parça
Não, cê diz que não é gay
Mas pira no pau das "travas"

Uma salve pra minas trava
Descendentes de Dandara
Entregues de mão beijada
Por quem diz amar a Deus
Mas no fim não ama nada

Um verso da bíblia fala
Que no meu corpo exala
Eu vou rezar pra vocês
E no fim vocês me falam

Raça de víboras
Como podem vocês que são maus, dizer coisas boas?
Pois, a boca fala
Do que está cheio o coração.

Isso é Mateus, ouvi amém, irmão?
Sei que te dói sermão
Discurso de salvação
Que não salva, não salva não

Respeita o meu sertão
Que o cangaço educou
Sudestino despeitado
Elegeu ator pornô

Calma aí, ô meu sinhô!
Não sou eu que inventei
Abre aí o redtube
Vai ver até beijo gay

O mesmo julga o kit gay
Porque virou foi diversão
De quem defende a família
Mas não muda a tradição

É uma em casa
E três no mundão
Manda voltar pro armário
Mas é a própria contradição

Eu sou tua contra-indicação
Toma anti depressão
Rima com poesia
Causando efeito de oração

PAI, PERDOAI ELES NÃO SABEM O QUE FAZEM!

AI EU CHORAVA

Eu acordava de manhã
E minha cabeça
se embrulhava em
pensamentos
Parecia coisa de
louca que até
tentava fazer as
coisas, mas...
É como se eu
batesse em ventos

Eu tentava novamente
Eu me levantava fisicamente
E minha alma
Se debruçava lentamente

Porque eu olhava pro lado
E me perguntava:
Porra
Cadê toda essa gente?

O meu corpo até tentava
Mas, minha alma pobre coitada
Não se contentava

Eu queria mais e não queria nada

Era tanta coisa pra fazer
E eu não conseguia fazer nada
O meu coração disparava
Feito tiro de HK que mata o moleque na praça

AI, EU CHORAVA
POIS, TENTAVA
E TENTAVA
E NÃO CONSEGUIA FAZER NADA

Eu já tinha até rezado para Padim Ciço
Santo Antônio e nossa Senhora Aparecida
Porra, já me indicaram tanto santo
Que nem sei quem tá comigo nessa droga de vida!

Me chamaram de louca desvairada
E diziam que eu não queria fazer nada
Já que ansiedade era tanta
Que eu vivia estagnada

QUE EU GIRAVA, GIRAVA E GIRAVA MAS EU CONTINUAVA PARADA FIZ UMA VIAGEM AO PASSADO E FIQUEI MENOS CONTURBADA

Estudei a minha raiz
E foi aí que percebi que eu podia ser forte
Mas não, que eu devia ser forte
Pois, o sangue de muitos foram derramado por mim

Me apoderei da nossa história
Pra sair da crise que ainda continuo sem resposta
Foi viajando para dentro de mim
Que pude encontrar minha glória

**MÁXIMO RESPEITO A QUEM ME AJUDOU A PERCEBER
QUE TUDO TEM SUA HORA
POIS, FOI NESSA BRINCADEIRA DE SE ACHAR E SE PERDER
QUE ESTOU AQUI AGORA!**

RAINHA PANDÊMICA

Dandara, presente!
Matheusa presente!
Xica Manicongo,
presente!

Elas em mim, se encontram presente
Mas é de presente que quero falar
Eu quero falar é das bichas
Que no meio da luta tiveram que ficar

Século XVI
É por lá que eu vou começar
O nome é Xica Manicongo
A primeira de muitos que ousaram aniquilar

Mãe Xica
Eles não vão nos calar
Mãe Xica
Eles não vão nos parar
Mãe Xica
Manicongo

Primeira trava do quilombo
Aquela que sentiu nos lombos
O peso dos chicotes dos monstros
Que dela tanto abusou

FOI O SENHOR DE ENGENHO
O CAPITÃO DO MATO
O FAZEDOR DE SAPATO
E ATÉ O MALFEITOR

Ai ai, santo senhor
É que por aqui nada mudou
Tem uns até que matam em nome do senhor
Que se faz de ovelha, nos mata na rua
e que lá na igreja recebe o nome de pastor

Eu tenho medo, meu pai Salvador
É que por aqui nada mudou
Primeiro foi Xica
Em seguida Dandara
Depois foi Matheusa
E a próxima?

SOU EU QUEM VOU?

O Ceará a Dandara fingiu que ajudou
O governo do Rio para Matheusa nem ligou
E se eu ficar contando vou passar uma noite
Porque tem as que a mídia ainda não contabilizou

Eu pareço piada
Não é meu senhor?
Isso tudo é uma relação de ódio e amor
É que somos os monstros que a sociedade mesma criou

E que nesse jogo de horror
O bicho papão é vocês
Nos esculacha em casa, nos faz de piada
E que na rua ainda quer ser meu freguês

Aqui ninguém passa pano, nem pra homofóbico
E nem pra burguês, sabe por quê?

Que estou viva é por elas
Estamos vivas é por elas
Eu estou viva é por elas
Estamos vivas é por elas

**E EU VIM PRA DEIXAR UMA COISA BEM CONCRETA
QUE SE UMA DAS MINHAS AGORA MORRER
SE NÃO FOR EU
VAI VOCÊ COM ELA!**

. MORRA DE ÂNSIA
. VIADO MOLOTOVE

WARLEY NOUA

foto: Joel Dias Filho

MORRA DE ÂNSIA

Pareço confiante na
frente de vocês
Mas, na verdade eu
tô cheio de medo
Cê tem ideia de
quantas pessoas,
enquanto de
casa pra cá, me
apontaram o dedo?

Cê tem ideia que o meu
Cabelo incomoda tanto,
 - Que falo com propriedade -
A maioria dos brancos,
Fazem cara de desgosto
 Que é sinônimo de nojo.
  Cê
  Tem
   Noção
   Que
   Nojo
    Significa profunda tristeza?
     E eu sinto, com
      Toda

Certeza
O teu olhar de
~estranheza~
Dizer que não me incomodo
Pode soar bem na poesia
Mas ouça bem

O MEDO TÁ AO MEU LADO
DIA-A-DIA
!
ME INCOMODA
SIM
!
TER TEU OLHAR SOBRE
MIM
!

Me incomoda e muito
Ouvir os teus insultos
Que às vezes se mascaram:
"Ninguém percebeu!" Pensaram.

EU PERCEBI
E SABE QUEM MAIS
TAMBÉM PERCEBE?
A ROTA,
A PM,
A TÁTICA,

Que sempre ao me ver
Friamente me segue!
Me incomoda não ter força
Suficiente pra te agredir.
É loucura
Mas é o que penso,
Pra aliviar essa dor aqui.

Meus punhos estão
sempre
fechados
E sei, certamente,
Não são só os meus.
Punhos erguidos ao alto
Vamos nos estabelecer como deus!
Nojo, também é:

"REPULSA POR ALGO DESAGRADÁVEL, ENJOO, REPUGNÂNCIA..."
CÊ QUER MESMO MORRER VOMITANDO?
ENTÃO FOCA BEM EM MIM, MORRA DE ÂNSIA!

WARLEY NOUA

Hoje eu acordei com o pé direito
E é hoje queeuvoquebraquele
Macho escroto no soco
Já afiei as unhas
Prelas perfurarem o osso
Pra não me encher
Pra não me encher

Pra não me enxergar
Completo furando teu olho
Eu sou uma ameaça
Eu sou uma ameaça
Uma ameaça pras tuas boas ações
Uma das ameaças taxadas de aberrações
Mas não ligo
O meu discurso não é lixo
Pra ser jogado ao relento
Eu não vou forçar meu pensamento
Pra te responder da melhor forma na poesia
Quando eu digo Morra de Ânsia
Não é ironia

Não é pra pagar simpatia
Ou poesia de cortesia
O meu discurso é rico

E EU ME PREOCUPO COM AS MINHAS BICHAS

QUE DÃO MORTAL DUPLO

DE SALTO 22 E JOGANDO PURPURINA

Essas bichas que vocês
Param pra falar oi
Convite atrás de convite
Mas ceis esqueceram do arroz?
Quem sabe que a gay, de trampo precisa?

"#LIKEFORLIKE

#BICHAPOETISA"

Nós estamos cansadas da homofobia
De gente escrupulenta
Então, prestem atenção e ouve atento, atenta.

VOCÊ, VOCÊ E VOCÊ QUE ME OLHA TORTO CÊ TEM VONTADE DE DAR UM TIRO NA MINHA CABEÇA E ME VER MORTO?

Se sim, se não
Se responda
E enxerga a responsa
Quando você me olha torto
Eu sinto que cê quer me matar
Por isso, cuidado
Muito cuidado
Eu sei revidar
Você que me olha torto
Eu quero entortar você
Te fuzilar
No agir, no falar
Ver você se foder
Pisar em cima de você

Te ler como você me lê
Virar o jogo
Me fazer de louco, de louca
Me fazer de ser eu
Bichas, ouçam, nós somos nosso próprio Deus
nossa própria Deusa
Precisamos disso ter certeza
E entre nós estabelecer paz
Paz entre nós
Guerra aos fascistas no poder

NÃO PODEMOS CEDER
NÃO VAMOS RETROCEDER

Vamos quebrar tudo
Vamos marchar unidas
Vamos construir
Uma ditadura gayzista
Segue o bonde com cuidado
Se tu não somar, tu explode

SE VÁRIOS HOMEM
BOMBA BOMBA
EIS, UM VIADO MOLOTOVE

WARLEY NOUA

As luzes da
cidade acesa
Clareando a bandeja
sobre a mesa
Clareando as árvores
Clareando as
ruas vazias
Clareando a noite
quente

Que é considerada extremamente fria
As luzes da cidade acesa
E há pessoas na cidade apagada
Um sentimento vermelho surge
E sinto eu, a cidade infestada
Qualquer barulho externo me assusta
O medo faz apostas comigo
E toma a frente em mais uma disputa
Inda mais nesse estado de pensamento
Onde um raciocínio lógico
Encarando um ciclo teórico
Rapidamente se torna lento
As lógicas não tomam o devido posicionamento
Fazendo assim com que eu

Não aprecie o momento
Aquele momento
o momento em que
As luzes da cidade
acesas
Clareiam o vão por onde passou
O casal
O estudante
E o ciclista junto com sua bicicleta
Que também clareava o chão, focada nada discreta
Farol feito de lanterna
lanterna feita de farol
enfim ou não
Mirada pro chão
De forma tão certeira
Deixando um rastro que não fazia barulho permanecendo em
oculto a sujeira
Da poeira
Branca
Naturalmente meu corpo se espanta
E não banca
Ou pelo menos tenta não bancar
O ser das dimensões
Nem sempre são minhas

As melhores explicações
Pois sentir aquilo que sinto
Produz um misto
De alucinações
Distinguindo
Capacidades e razões
Olha, logo,

NESTE MOMENTO NÃO QUERO FOCO

E NÃO VOU A ÓBITO

SEM QUE HAJA COMUNICAÇÃO

CADA BARULHO OUVIDO ME TRAZ E ME PROVOCA TENSÃO

Meus olhos viram
Meus olhos viram
Meus olhos viram
E refletindo faz de si mesmo espelho
Eu queria esquecer
Ou de novo tentar lidar melhor com o medo

E com o receio
E com o não sossego
Que toda hora percebo
Trazer de volta também um latejo
Por que meus olhos viram
Por que meus ouvidos ouviram
E sempre se passou na minha mente
As luzes, todas, acesas
Como flechas
miradas
Saindo da minha cabeça
E para minha cabeça apontada
Apontadas
Todas as luzes
Apontadas para mim
Clareando um caminho
Que não acredito até quando seguir
às vezes é pelo escuro que quero ir
Assim é pra prosseguir
E continuar a conseguir
Tudo que está estabelecido.
Apontada numa direção
Pra que eu finalmente perceba

A
FRIEZA
ALMEJA
DESTREZA
E MANEJA
A BANDEJA
DA ESQUERDA PRA DIREITA
PRA QUE EU FINALMENTE
PERCEBA

Que a frieza

Almeja

Destreza

E maneja

A bandeja

Da esquerda pra direita

Pra que eu finalmente perceba

Ciclos quase sempre se repetem

Independente do que aconteça

Perceber me reveste

E motiva os motivos pra que este corpo permaneça

INTACTA

Não se pode apagar as luzes
Da própria iluminada
Parei de correr
Pois, quando procurei não vi nada
Nenhuma evidência foi encontrada
Uma imagem na minha mente em tom vermelho ficou moldurada
Numa parede gelada
Dentro de um cômodo com as luzes apagadas

TRANCADA

Completamente acorrentada
Na esperança de ser consumada
Então que fique isolada
A obra não executada
e a lembrança morta
Que outrora permanecia exposta
Com mil perguntas
E seis mil respostas

DISPOSTAS

Abaladas pela camada tóxica
Existe vida
Em toda coisa mórbida
Me visto de tudo

De forma composta

PRA SER
PRA TER
PRA VER

Pra obter melhor resultado
Se Coluna
Pilastra
Ou poste
Ser o suporte mais iluminado
Preparado
Pra não correr o risco de ser ofuscado
Iluminar as ruas do lado
E ser ponto
de referência no espaço
Observando e sendo observada do alto

MELHORANDO AQUILO QUE DEVE SER MELHORADO
TOCANDO O QUE PRECISA SER TOCADO

Eu acendo a luz
E que não seja eu incomodada com os barulhos que a rua traz
No demais
Em rua vazia
É necessário destreza
Quem tem ouvido ouça
O que o espírito diz à igreja

- CICLO DOS 21
- ELA ACEITOU
- MOÇO

BOR
BLUE

foto: João Urubu

CICLO DOS 21

Naquela noite
intensa do fluxo
doido da quebrada,
o medo da mão
armada, do carro
preto, prata,
exalava o ar que
eu respirava,
ali perto dos
meus 21.

Dos dias contados da semana intensa, do passado mais presente da minha história, e eu não tenho memória pra guardar tanta pisa. Então vai! Pisa mais, não é o bastante? Andar na rua olhando pra todos os lados a todo instante. Se eu vou pedir informação a moça acha que eu sou ladrão, os caras dizem que eu não posso ser sapatão, as pessoas na rua me olham como se eu fosse de outro mundo, uma aberração. Eu tento não marcar toca e acabo ficando louca preocupada com tudo, eu vivo sob pressão... E quando tudo isso me deixa cansada eu evito sair de casa, tento recuperar as forças, mas eu preciso fazer minhas coisas, tocar minha vida, então eu ponho uma roupa, uma coragem, uma marca e dou a cara a tapa mais uma vez, um quarteirão, dois, três, eu já quero voltar correndo e eu não tô nem vendo pra compromisso porque sou eu que tô passando por tudo isso... Tu sabes o quanto é difícil sair? O quanto é difícil ter vontade? As vezes eu tenho saudade de quando eu não sabia da minha sexualidade, eu não pedi pra ser assim eu nasci!.. Hoje é mais um dia que eu me guardo aqui dentro desse quarto, é onde eu escapo de todas as agressões e todas as situações constrangedoras, sabe quanto tá custando ir no supermercado? É ter alguém te vigiando o tempo todo, o que será que ele tá pensando, né! Andar de mãos dadas com minha namorada na rua, distante, e na parada tem sempre uma plateia armada, de ódio.

JÁ TE PERGUNTOU PORQUE TE INCOMODA TANTO, ONDE É QUE DÓI, QUAL É O SANTO QUE OFENDE?..

Hoje eu preciso sair pra cantar e eu só queria saber me teletransportar e não fazer esse caminho todo, evitar esses cinco quarteirões, mas eu preciso sair nesse mundo bizarro ou vai ser mais um dia que eu vou almoçar um cigarro e dormir pra não sentir mais nada, pra ficar anestesiada por algumas horas...

EU VOU SAIR, NEM QUE SEJA PRECISO EU ENGOLIR TUDO, TODOS OS ABSURDOS, MAS EU VOU CHEGAR LÁ, PORQUE MINHA POESIA NÃO PODE SE PERDER E EU PRECISO MOSTRAR, PORQUE EU NÃO POSSO PARAR DE RESISTIR E A MINHA FORÇA É CANTAR, EU APRENDI MEU ESPAÇO E TU NÃO VAI TIRAR NENHUM PEDAÇO DO QUE É MEU, PODE SER CATÓLICO, CRENTE OU ATEU.

Eu resisto e me visto do que eu sou, eu não vim pra esse mundo pra me esconder em armário pra agradar otário conservador, eu vim pra pintar, pra distribuir cor e meu arco íris vai brilhar enquanto eu tiver de pé, enquanto eu respirar, eu sempre vou chegar te mandando a minha letra, prazer Ádrian, sapatão, preta!

ELA ACEITOU

Lembra aquele dia,
que chegou de vestido
preto! Foi quando
começou a magia.
Veio entrando
no terreiro,
esse instante
se estendeu por
muitos outros,
fizemos um império
de risos soltos e
estávamos juntos
mesmo quando o
riso era pouco.

Eu descobria teu jeito e tu me dava consolo, já tinha vivido muito o que pra ti era muito novo. Nada que pudesse nos impedir de viver e a gente continuava alimentando uma paixão que não parava de crescer, na fração, nos segundos, nos dias... cuidado, paz, alegria. O momento de cura que eu tanto esperava e a estabilidade de sentimentos que precisava, uma canção. Dessa fogueira nasceu nossa relação... Andamos de mãos dadas, quando foi preciso beijou, apresentou pra quem tinha que conhecer, uniu, se afirmou. Nunca antes nessa história eu tinha sido apresentada pra uma sogra... Eu lembro de algumas propostas e convites, das vezes que vou embora e tu insiste pra eu dormir mais uma noite... Eu vou ficando, na tua conversa, na vida e na casa. Criamos nosso espaço e quando eu não vou, é tu que tá instalada no meu quarto.

VAMOS CONSTRUINDO PASSO A PASSO, TIJOLO POR TIJOLO E RECEBENDO EM DOBRO NA RELAÇÃO...

Não vou mentir e dizer que não tem confusão, não dá pra ser só paz, porque ela é chata demais, braba e te ganha no cansaço, ainda bem que eu tenho muito saco e paciência com ela. Brilha feito as estrelas do céu, é um doce, mas não é nada mel, eita menina difícil. E eu me apaixono todo dia por tudo isso. Chega vira vício ser acordada por uma cara inchada de tanta meiguice. Eu disse que ia ser muita onda, sempre tem uma coisa que assombra, mas, é de letra e conversando que a gente resolve, se abraça e envolve nossas dores no afeto, pra não desandar e ficar tudo certo.

EU ME DESDOBRO E ESPERTO PRA QUE ELA FIQUE BEM, MESMO QUE SEJA PRECISO SER CEM, SOU CADA UM DELES COM MUITA DEDICAÇÃO. EU SOU ASSIM, CUIDO DE QUEM TENHO ADMIRAÇÃO E ELA RETRIBUI, É LINDO, É MÚSICA ESSE AMOR RECÍPROCO...

Não foi à primeira vista e nem precisava ser, a gente sempre entendeu muito bem nosso tempo e deixou acontecer. Ele floriu, se criou nos dias e coloriu nossa vida. Ela é digna de todo afeto e eu fico coberto de gratidão, ela aguenta minha crises e toda aquela falação, meu choro, minha tolice. É de coração que a gente se entende e também desfaz... Ela diz que a gente nunca brigou, eu já acho que a gente briga demais.

Ela diz que tem coisas que só eu vejo, eu amo beijar e ela gosta do meu beijo (ufa!), que às vezes não sabe como falar e acaba sendo grossa, pra eu não ligar que é só mais uma resposta. É que eu sou muito sensível e a vida ensinou ela a ser firme no maior nível. O fato é que nós somos oposto, mas se atrai que chega dá gosto... É no axé do santo o sopro, fartura e cuidado pra receber a cura, da paciência a força que a gente procura, serenidade, leveza e paz, faz a mistura. Compromisso, lealdade, doçura, afago, liberdade, ternura.

DIAS ENSOLARADOS E DILÚVIO, QUE POSSAMOS DESFRUTAR TUDO ISSO NO NOSSO REFÚGIO. SEMPRE TERÁ MEU COLO AMIGO E ENCONTRAREMOS UM NO OUTRO O MAIS TRANQUILO ABRIGO... BRUNA DALILA, QUER CASAR COMIGO?!.

BORBLUE

MOÇO

Na cidade de qualquer lugar, num bairro que todo mundo vive, em uma rua desconhecida, mora um garoto de condição humilde.

De uma vida normal, casa, amigos, seus livros e o fascínio pela área medicinal... e todas as manhãs pega os busões pra enfrentar fila, engole a comida, estudar e trabalhar mais um dia e voltar de noite pra casa com seu sonho na mochila... e todas as manhãs toma seu café com pão, toma bença de sua mãe, se despede do irmão e sonha em ter paz. É doido! Esse moço é corajoso de sair na rua nesse tempo repugnante. Enquanto o moço tá sendo assaltado o ladrão acha que ele que é o assaltante? E quantas vezes ele teve que voltar cedo pra casa, porque o perigo mora sempre ao lado mesmo o menino morando distante! Acorda mais um dia, mas não tão animado, se despede da família e diz que já tá atrasado e vai chegar um pouco mais tarde, porque foi convidado pra uma festa na universidade. Sua mãe lhe deu um abraço e a sensação era de saudade... Foi pra mais um dia de batalha, ele viu a hora passar, comeu e depois foi se arrumar. Ele viu seu corpo imperfeito, se viu, mas não se enxergou no espelho... O moço não demorou muito na festa por que só tinha o dinheiro da passagem e depois de algumas músicas percebeu que já tava tarde. Se apressou a caminhar e quando foi passar na rua escura, sentiu frio quando a viatura mandou ele encostar. Desceu do carro com uma arma na mão sem muito cortejo, abriu as pernas do garoto e começou o baculejo, nessa hora o menino só pedia pra alguém lhe proteger... e depois de revistar todos os bolsos, o cara da farda só achou seu rg... era melhor não ter achado nada. CULPADA! "senhor, minha mãe tá me esperando em casa..." (empurrão, chute, soco) "por favor senhor, não me bata..." Onde é tua casa? "eu moro num bairro que todo mundo vive, em uma rua desconhecida..." E o que tu tá fazendo em bairro de gente rica? Isso é pra ti aprender, aprende! "A vela mãe, acende..." consegue ser mais rápido que minha bala? Corre, vagaba! O menino começou a correr e não parava de dizer... "minha mãe tá me esperando em casa". Acertou seu corpo frágil e o garoto sentia a dor por parcela. Já no chão ele gritou: A mamãe tá esperando o neném dela!..

"TE AMO MÃE, ME PERDOA POR TUDO QUE FIZ..."

...O CORAÇÃO PARA...

Nesse exato momento escorreu uma lágrima no rosto daquela mulher que esperava por ele naquela calçada... O moço morreu porque tava no lugar errado na hora errada, no país errado, no mundo errado, morreu de graça. Morreu porque reconheceram seu rosto, morreu como muitos garotos... O menino morreu por coisa pouca. Mataram o moço quando descobriram que na verdade ele era uma moça...

- AGENTE SECRETO
- LABUTA DO CRIME
- DENÚNCIA

CARÚ

foto: Renata Armelin

```
            Desbravo mares quando
            me faço poesia
             Reescrevo sentenças
             Feito agente secreto
             na agência
         "Palavra só des - f e
                        i    t    a"
```

Como um caos que só causa
O desestruturado estado
De fazer da palavra munição
Contra o Estado e os mil estados de ser
Que não sou eu e tão pouco você
Nos trago para a lembrança que se perde
Quando te faço fumaça e me pego lombrado
A pressão despenca e eu não sei
Se é a gravidade que pesa
Quando me percebo além do mundo
Com meus sonhos nas costas
E para aliviar recorro ao estar
O ato de fazer poesia
Inclusive com o que não perpassa
O dito - o famoso erudito -

AGENTE SECRETO

É além palavra, cê vê?
Poesia é teu rebolado, aquele que cê faz de lado
É a cintura no bambolê de canto te vejo
Em mil cantos, e vejo mil cantos
Nos seus encantos
Que são poesia todo santo dia
E nos diabólicos é
Adivinhem
Também (corpo)
Mas nesses dias eu tô parindo no mundo
Uma vida com energia divina
De romper os mil estados de ser
Que não sou eu e tão pouco você
E nasce com a marca do diabo
Vindo ao mundo para ver
Caim matar Abel – de tesão
Relatando a quebra no padrão
Quebrando a fundação
Da lógica do tiozão de cachimbo
De que o medo do incesto
É o que estrutura o pertencimento
É o rackeamento da psicanálise
A análise da fé
Em que cês seguem aquela sequência poética

De um tal corpo
Que nos faz sua imagem e semelhança
Com a graça de ser humano
O viabiliza o ir além puro
Somos putos
Por premissa e necessário para a fecundação
Onde do útero desejo
Se desenvolve o poético momento exato
Onde somos e estamos todo segundo
Porque amanhã é o hoje em tempo linguístico
E o desespero do ontem ao crer que se faz
Fim quando o hoje chega
E desfaz no momento que se faz
É a inflexão do buraco que somos
E ainda assim negamos
Porque nos disseram que era "pertencimento"
Que através do lírico linguístico
Costura nossas mentes
Para nos fazer presentes
No labirinto onde nos fazem missionários
Inspirados nos seus heróis
De Hércules ao Minotauro
Vou contando para vocês
Identificando bem

A cultura que diz que meu ato poético
É no mínimo "fora da norma culta"
Aí que eu sei – cês não escuta
E me pergunto "será que cês tem escuta"?
Minha Poesia cês não desfruta
Me fazem fruta, e me querem caindo do pé
Para poder chamar de pecado
E terceirizar sua ferramenta que é parceira
Do patriarcado
Não importando se é amapô ou ocó
É essa cultura onde poesia é métrica e rima
Nobre
Em que meu corpo nobre – vagabundo –
É hoje príncipe, amanhã rei
Da nova ordem poética
Escrita na bíblia do amanhã
Em que o que estrutura

É O DESEJO E NÃO MAIS O REQUINTE PERVERSO DE ENJAULAR NAS SENTENÇAS O DIREITO E O DEVER DE SER PERTENÇA.

LABUTA DO CRIME

Me vi na labuta do crime
Quando me deixei ser homem
Mesmo com medo
E negando na cama
De másculo o afeto
Dominado no sexo
Definindo o puto que sou

Venho me fazendo alucinado
Esquizofrenizando o que você chama de amor
Sendo o neurótico que me acabe
Enrijecendo o que me sustenta
O corpo que me é alicerce
Sonhando com o falo enrijecido
Penetrando meus desejos
De ser enaltecido e reconhecido
No que me padeço quando o outro nega
E me esqueço que o dito outro
Me é espelho
Esquecido, no inconsciente o medo
De se perceber másculo, viril

Porque os olhos são máquina de reflexos
Para que o verbo ver seja preenchido
Pelas cores e pelo afecto
De um outro eu que nego ver

DENTRO DAS PÁLPEBRAS QUE ENCARO TODAS AS NOITES

E ANSEIO NEGADO, É VIOLÊNCIA VELADA

O ELEFANTE BRANCO QUE NEGO NO SALÃO DA MENTE

OCUPA OS ESPAÇOS MIL, ME DEIXANDO SEM AR

Vou flutuante, enrijecendo, violento
Me esqueço do esquizofrênico possível
De recriar o estado de arte
Fissurado apresentado, louco
No qual posso fazer fluir
Nascer em caráter de urgência

O NOVO (NÃO) MÁSCULO ESTADO
DE VER E AMAR
DO OUTRO A SI
DIAS EM QUE ME PEGO
EM GUERRA
COM O MEDO DE ASSUMIR
QUE O NOVO É RECONHECER
QUE SE CARREGA
NO COLO E NO DESEJO

A IMAGEM DE SER
O QUE O ESTRUTURADO AMA
E QUE A RESISTÊNCIA
DO SEU CORPO
CONDENA.
ACORDO TODOS OS DIAS
EM BUSCA DE SER O INTEIRO
QUE JAMAIS SEREMOS.

Sem outra ou qualquer
definição
É o que sou
Como nasci
No que me tornei
No que sonhei

DENÚNCIA

Ser, talvez, sendo, como sou
E apesar dos pesares
Apesar da estrutura que me corta
Apesar da arquitetura que me constrange
Apesar das normas que me afligem
Apesar de questionarem se existo
Apesar de ditarem o formato do meu corpo
[que é território - meu
Sigo na iminência de ser: denúncia
Denúncia do descaso
Com o acaso, e o caso
Que se tem
Com o estruturado
E para ser mais definitivo
Com o cis-tema
Com o hétero-tema
Sob o qual se difunde

O ESCÁRNIO SOB OS CORPOS - TERRITÓRIOS QUE SE DESMEMBRARAM, COMO O MEU EM CASOS MÚLTIPLOS COM A SENTENÇA: DIFERENTE

E se com ela assumo um caso

Ao lado dela, mais uma vez

Acuso denúncia

Daquele que se diz

    [e crê - é fé que chama

O oposto do lodo

    [que supostamente evoco

O limpo, o erudito, o pleno, o saudável

O arrazoado, o forte, o real

O que dizem ser chamado de "NORMAL"

E apesar dos pesares

Apesar do normal ser ficcional

Apesar de normal ser fantasia

    [do próprio - normal

Apesar do normal sentenciar o anormal

CARÚ

Apesar do normal ser cria do supremo
　　[intelectual
E apesar do meu corpo ser irracional
　　[para tal - intelectual

É NESSA CONDIÇÃO QUE ELE SE FAZ AMORAL

Logo - potência em ação
Sobre o caos da própria angústia moral
Daqueles que sentenciam meu eu-corpo-território
A lucidez da angústia racional

SENDO, ENFIM, ESPECTADORES

AGRESSIVOS E COMPOSITORES DO DESALENTO

QUE AFETA MEU EU-CORPO-TERRITÓRIO

DA DENÚNCIA QUE SOU E SOMOS

EM CORPO
EM ATO
EM FACETA
EM PEITO
EM TRATO
Com o ato de ser
Para além do que sonhei que seria
    [seríamos

SENDO O QUE SOU

TRANSPASSANDO O QUE FUI

E BOTANDO ABAIXO

O CIS-TEMA QUE DIFUNDE
O NÃO SER.

- MACUMBA
- DO TRONCO AO PAU DE ARARA, NINGUÉM EXPLICA DEUS
- RAINHA PANDÊMICA

MAMBA
NEGRO

: Acervo do Movimento
ural Ermelino Matarazzo

MACUMBA

"Estou vendo os gatos do mato se achando pantera negra, estou vendo as mona lisa imitando as mina crespa, e é melhor abaixar a cabeça pois os preto é realeza, e é melhor abaixar a cabeça pois nós somos realeza "

Hahaha, deixa eu rir, achando que vai oprimir chamando de "neguim", nós somos herdeiros de Nzinga e Zumbi, enquanto você só tem parte com português sujo, nós somos reis e rainhas desde princípio do mundo, e você quer ver como é? Na rua esconde a bolsa quando vê preto passar mais em casa bate palma pros pele, e critica a favela, mas "eae" seus racistas atrasa lado, vocês criticam a favela, mas é vocês que andam chapado, e ei branco que tentou nos segregar e ocultar a história dela, Mandela, esqueceu que aprendemos a lutar com Marighela e Dandara e que preto foi o cara que morreu na cruz, você acha

MACUMBA

que pode ocultar a história de Maria
Carolina de Jesus? E esse apartheid vai
acabar, somos netos das bruxas que vocês
não conseguiram queimar, e racistas não
passarás, nessa auto inquisição moderna
são vocês que vão queimar, e eu não passo
o pano, enquanto vocês batem panela,
batemos na cara, é a senzala se revoltando
eu não entro em jogo nenhum pra perder,
eu não piso em falso o único falso que
eu pisei foi em você, querem meu corpo
pra diversão, a minha pele pra decoração,
mas nessa historia eu faço questão de ser
o perigo, dono da torre e do dragão que
eu treinei pra matar quem me oprimir, eu
sou império Ashanti e vocês são chantilly,
e nessa escravidão moderna a chibata
é o cassetete e o transporte público o
novo navio negreiro, 4,30 é o preço, uma
tarifa tão alta que nem dá pra pagar e o
engraçado é que o ônibus nem vem com
open bar e eu vou afrontar, pois já nasci
com o ódio de uma vida inteira, e já nasci
preparada pra atirar gasolina na fogueira,

vocês com chandon nobre e eu com molotov, vocês com tropa de choque e eu deixando os playboy em choque, a minha pele é preta, carrego história comigo, não me venha com pardo, mulato ou moreninho, eu não aceito mais o seu racismo ou o seu fetichismo, eu sou Revolta dos Malês, meu ódio vai vir decepando a cabeça de capitão do mato, guarde sua mordaça, grilhão, chibata, não apanho mais calado.

E NÃO ERGA SUA MÃO PRA MIM, POIS EU NÃO FIZ NADA DE ERRADO, APENAS BATI EM MEU PEITO, REIVINDIQUEI O QUE ERA MEU POR DIREITO,

eu cheguei até aqui sendo filho de pedreiro, meritocracia, eu não sei nem o significado dessa suas palavras difíceis, mas você vai engolir cada palavra, quando eu me revoltar e mostrar que lugar de preto não é na senzala, e "molecote" quando me vê chega a ficar emocionado, me confunde com o tráfico, eu não vou te dar pó, lança, maconha ou balinha, mas o que esperar de você? Vocês filhos de branca racista.

DO TRONCO AO PAU DE ARARA, NINGUÉM EXPLICA DEUS

Entenda que farofa, fubá, quitute, camundongo, quiabo, caçula, cafuné, quitanda são palavras de etimologia africana, entenda que criamos a matemática, as perucas, dreads, delineado e até a havaiana, que criamos o samba que você dança e diz que ama, mas quando escuta o mesmo batuque saindo de um terreiro você reclama e se engana, quando fala que prefere as criações brancas, um povo que não tomava nem banho, criou o computador pra vencer o nazismo que também era criação deles, criou o capitalismo, homofobia, sufragista racista e o cristianismo, na África não tinha nada disso, e eu não coloco sua criação no meu balaio, vocês não gostam de preto, nordestino, viado, mas quando você me aplaude você tá aplaudindo tudo isso, e quem fica em cima do muro um dia vira caça, cansamos de ter nossos corpos expostos na praça, meu grito é revide, e não vamos abaixar nosso tom de voz, me curva perante algoz, estávamos muito tempo calado, agora entendemos a força de nossas palavras, que estamos na base de tudo e que somos igual navalha, o terror da sua branquitude que não entende que não queremos a sua bolsa da Gucci falsificada, que queremos tudo, desde seus empregos até a vaga na faculdade e lhe deixaremos com o resto, do resto de nada, assim como fez com a gente.

"MAS PRETO DO CABELO DURO, QUE PENTE QUE TE PENTEIA? "O PENTE DE UM FUZIL QUE ESTÁ SEMPRE MIRANDO PRA NOSSAS CABEÇAS,

e que diz-para, todas as vezes que falamos de abuso policial e vocês falam que é vitimismo, mas os policiais que arrastaram a Claudia estão envolvidos na morte de mais 8 pretos, pra mim isso se chama racismo, e vocês tem medo de ver preto politizado enfrentando vocês, por isso mataram Marielle e tratam como mascote, Fernando Holiday, e que tal soltarmos as mãos e começarmos a quebrar a banca de uma vez, e avisa lá que hoje eu não grito com racista, e avisa lá pra sinhá que hoje eu sou o macaco que ela queria, mas esse macaco está tipo o King Kong, ninguém segura o King Kong, e vamos quebrar tudo até ver onde você esconde, a sua vergonha na cara, e se não tiver uma vamos fazer nascer uma na paulada, seu problema é falta de porrada, playboy mimado que nunca foi disciplinado, vem cantar de galo comigo, que eu faço você ver o seu reverso racismo.

"Ei mamba, leva essa pêlos pretos!" É eu fiz questão de levar, porque vocês são meus filhos e nos meus filhos ninguém pode tocar e ai de quem levantar a mão pros meus protegidos, que eu pego seu racismo, elitismo, conservadorismo e enrolo tudo com os pornô do Frota, o João Dória, Bolsonaro, Damares e enfio no seu cu,

POIS SABEMOS COMO VOCÊ GOSTA DE SER CURADO PELO ESTADO, LAMBER BOTA DOS FARDADOS, SE EXCITA COM MILITARIZAÇÃO RACISTA E COM O GOLPE DE 64, ENTÃO VAMOS LHE PÔR NO TRONCO E NO PAU DE ARARA E DESCER A CHICOTADA NO LOMBO, VOCÊS GRITARAM PRETO MORTO, DESCULPA SOU MEIO SURDO, ESCUTEI PRETOS NO TOPO.

RAINHA PANDÊMICA

Ei, presta atenção, não adianta falar que o que eu faço é abominação ou coisa de bandido, quando tudo que eu crio é copiado pelo seu padrão boy, branco, elitista, higienista e rico, você vai torcer o nariz? Cuidado pra eu não quebrar, quero ver me chamar de macaco de piranha, de cachorra, de viado, são animais demais pra eu prender dentro de um armário e eu também não vou pra sua cama ou fazer de zoológico o seu quarto, mas eu quero te ver me chamar de macaco com a cara quebrada, quando me vê passar na rua sente nojo, sente medo, mas quando bate a abstinência tu sobe a quebrada, sou bicha pre-TRA TRA TRA, tipo Linn da Quebrada, desde navio negreiro afiando navalha, se tu bater de frente do vai cair de cara e para, para, para parça, escancara essa farsa, você entende de mal com L e mau com U, menos Malcolm X, essa sua cara mal lavada combina com o pozinho branco embaixo do seu nariz.
"E eu não sou pennywise, mas tu vai flutuar, com esse teu ego inflado, então é melhor parar" não sou de tirar o chapéu, sou de arrancar a cabeça, respeita a revolução vinda com as bicha preta, respeita os manos, minas, mona preta de quebrada, cobiço a

casa grande e recuso senzala, me respeita na cama, me respeita na vida, cansei, não quero novamente ser mercadoria, na sua festa burguesa incorporo Queen Latifah, como uma globeleza, sambo na cara racista, e calma senhora não pira, e calma senhor não pire, teu filho esquece de tudo quando quica na minha... RAM, vou lhe descer o "pau" é o preço do revide, dentro de um navio negreiro "chegay" terra brasilis, mas eu sinto o seu cheiro, farejo sua hemoglobina, as vozes da minha mente querem ver uma chacina de racista,

IREI LHE DEVOLVER O SEU EXÉRCITO NAZISTA,

vou lhe caçar e com o couro das suas costas vou fazer um louboutin, vou recrutar todos os pretos que eu conheço e desbancar a ku klux klan, pois eu já estou cansado, da minha capacidade tu dúvida, mas carrego nos dentes navalha, cortando garganta dos "muleke paia" seguidor de Malafaia, eu te destruo pique calendário Maia, tu acha que é melhor que eu só porque carrego melanina, mas se lembra que eu estou tipo Rasputia, te esmago nas rimas, então sente o impacto, tô fodendo com o caos tipo Baco, eu te odeio pra caralho não tem como evitar, meu ódio está mais alto que a Pabllo Vittar... UKE, tô mais perigoso que o Pablo Escobar, estou tipo mar, então vem brincar com as minhas marés, mas relaxa, porque se meu tsunami não te mata, cuidado pra não te afogar nas minhas ressacas.

MAMBA NEGRO

- BIXA PRETA
- BRASILIÊNCIA
- CARNA VRAL

KATRINA

o: Fernando Martins

Bixa Preta = substantivo feminino composto

Sujeito prejudicado sim, tá certo
É até mais sincero, predicado
De morte sinônimo da falta de sorte
Falta escola, na rua falta esmola
Na vida, falta família
Seja mal vinda sua chegada e sua ida
Feridas
A morte talvez não seja dolorida mas, ainda assim dói ver a partida
das minhas
Como árvores caídas sem flores
Indigente sem frutas coloridas
Lembranças distantes tão distorcidas
Da infância a dor da ignorância
Mesmo calada e contida
Errada, burra, abusada, suja
Excomungada, defenestrada, esquecida
Ela é tão esquisita é tão vivida mesmo sem ter tempo, nessa
pátria amarga a cada 28 minutos, vítima
Baixa estima
Na conta da estatística
Já era chamada de bixa mesmo, mesmo antes de saber
A ler
Escrever
ser

o que você vai ser quando crescer?
o que você
vai
Ser quando crescesse
ou esquecesse
Que a pergunta muda com o passar dos procederes
Se antes num apodreceres
O não será sua certeza
A tristeza sua companheira
Deserdada corriqueira
Explosiva maloqueira
Aaaaaaa não queira
Não tem nada a perder e o que ela ganha
Com as tuas divide
Se duas, segura o revide
Dentro de cada uma de nós Marsha revive
Lacraia serpenteia eu sei atacar sua gastrite
Nosso corpo é forte resiste
É eternizado morre sempre, mas revive
Revólver calibre que o seu Deus te drible
De tropeçar com uma Bixa Preta livre

... LIVRE DE SOBRENOME POIS SÃO PLURAIS SEUS PRONOMES.

BRASILIÊNCIA

Brasil mostra sua
Bunda
Pois, a cara caga
pela boca suja

Ouvindo do Ipiranga gente branca que troca o lugar de
fala pelo do cu
Yuguru
Malévolas e asas de urubu
Sobrevoando a carniça
Enquanto enche a linguiça
Defasando esvaziando corpos que se continham
Vida

Inteira, sendo perseguida
Procurada nas esquinas
E vias, vistas como orgia
E já morreu quando corria
Da curta altura da
Ponte pra cá das que pulam
Outras continuam...
Sendo "suicidadas"

NAS MESMAS MÃOS, NOS DEDOS QUE APONTAM UNHAS DAS QUE ARRANHAM CARNE CRUA CARNE DE CORPO DE RUA DESCULPA DESCULPA DESCULPA NÃO ESVAZIA SEPULTURA

Enquanto uma Geni pula pra salvar
E pagar com a vida a pedrada
Agora transformada não só nessa metáfora em
socos ingleses
Na mão dessa gente clara
Subindo a vida e alma é alma
é
Natal é Natal batam palmas
Que abafa

A morte do preto que tenta e num se salva
E morre de frente à catraca

**DESCULPA
NÃO SE PEDE
SE EVITA
DESCULPA
DESCULPA TAMBÉM NÃO AJUDA
NÃO SALVA MINHA VIDA
E NEM A TUA
A MINHA ALMA E A DE LUIZ
CARLOS RUAS**

Silêncio
E se eu morrê eu encarno eu renasço na encruza
Não se trai Pomba Gira com beijo de Judas
Ajuda, ajuda, ajuda....

VAI BRASIL
MOSTRA A SUA BUNDA
POIS, A CARA
CAGA PELA BOCA SUJA

Várias vergonhas
alheias

Entre noivas, índias,
turbantes, sereias

CARNA VRAL

O carnaval de sp é um
grande mar de areia

Onde quem afunda é
sempre quem convive
com a peia

Na verdade vestida nas fantasias que peles pintam
No fim de tudo eles se livram de toda essa farsa embaixo da tinta
Preta na pele das branca maluca nada retinta
E a tinta que fica é dourada e cheia de privilégios
Se perdem nos elogios
É rude o tédio
Sem falar no assédio
Na contabilidade eles empilham dentro do cérebro
montanhas do tamanho de um prédio
Eu nado nessa maré de ecos
Entre gritos e berros
De socorro

NA SEGUNDA EU MORRO

NA TERÇA UM CORPO

1 2 3 E 4 COPOS

DESÇO ATÉ A MAIS PROFUNDA
CAMADA DESSA TEMPESTADE

EU UM COPO D'ÁGUA

EM QUE PASSARINHO NO
CARNAVAL SE AFOGA

E SEMPRE SE EMPOLGA

É BOM POIS, NESSE GRANDE DIA
EU TIRO FOLGA

PRA DESVIAR DE INSULTOS E
TODA ESSA DROGA

COLEÇÃO
SLAM

KATRINA

- PARA QUEBRAR O CORPO
- LOUCURA, ENTREGUE
- É MENINO OU MENINA?

JoMAKA

foto: arquivo pessoal

PARA QUEBRAR O CORPO

Pintam-me de carne e
até num sopro
ela se descasca
e sangra

Desejam uma cópia
que havia se encontrado
com a cópia
da outra cópia que se copiou da cópia
da outra cópia
desde aquela cópula
inicialmente copada pelas cópulas
daquele antigo baralho de mão

Entretanto sendo eu assim
um ser de acentos circunflexos intersexuais e não bináries
sigo por estradas soladas em acordes de batom vermelho
calças largas, saltos, aba reta pra trás
reflexos e espelho

Nunca soube o que era mesmo e
comecei então a me confundir com o que não era
mas que insistia em me devolver com tapas
Até perceber que o tapa que mais me doía
era exatamente o meu

VISTO-ME DE MIM PARA DESPERTAR O DISCURSO

QUE REPETE E REPLICA CISTEMATICAMENTE COLONIZADO

ESTEREOTIPADO, NORMATIVO E OPRESSOR

Eu sou protagonista
do meu corpo
trans
transviado
intersex
e esquizofrênico

AFINAL POR QUAL MOTIVO ESTARIAM ELES FALANDO DE MIM? QUAL A NECESSIDADE TERIAM PARA SE PREOCUPAR?

Eu sou protagonista do meu corpo
trans transviado
intersex e esquizofrênico

Era como saber os naipes e a possibilidade numérica exata de um baralho
e saber ao mesmo tempo pelo sentido da visão que tenho
que cada uma das cartas está de costas
seja no monte, nas mãos
fechadas ou abertas
sem binariedades nisso
mas também verticais ou horizontais elas estavam de costas
eu sabia os números que poderiam aparecer
assim como as letras e formas

Pensando em baralhos começo então a pensar em ocasiões
O que são, se são milhões, trilhões, ou se era ocasião, apenas ocasião

QUE MANIA PEDANTE A DE ALERTAR-SE PARA RUÍDOS.

A descarga na madrugada era incessante e
a perseguição parecia gostar às vezes de sentir-se em fuga.

– Como bater, como bater?
Tento trapacear pela retórica?
Ou corro, entrego logo os pontos dessa queda e
imediatamente proponho uma melhor de três?

Era complicado confiar em ocasiões e
eu sou protagonista do meu corpo trans transviado intersex e
esquizofrênico

Desejo que o meu corpo tenha liberdade de ser e de se transformar
para que possa ser um e dois e três
e que não tenha limite mesmo que se exauste.

Por qual motivo continuam falando de mim?
Ok, mas qual a necessidade eu teria para me preocupar?

JOMAKA

Eu sou o protagonista do corpo que genitalizam
Constroem família, religião e também marginalização
Afinal,
concepção de qual competência
de qual expertise?

O SEU OLHAR E A EXPECTATIVA VIOLENTA E PRECONCEITUOSA SOBRE A MINHA ESTÉTICA SOBRE A MINHA CULTURA SOBRE A MINHA EXPRESSÃO SOBRE A MINHA DIFERENÇA QUASE POÉTICA

E SOBRE A DISPENSA DE LIBERDADE QUE ME CABE PELO EU
O MEU EU
O EU QUE ME HABITA
QUE EU HABITO

O impasse da genitália das vozes e dos ouvidos
O impasse que eu entendo mas não acredito

Então me armo de palavra alada.
E então disputo.

LOUCURA, ENTREGUE

Se querem saber
acho que seria
interessante
se vocês buscassem por
alguma informação
sobre a vizinhança.

Tipo faixa etária
se tem alguma república
se aceitam animais
se já existem animais.

Senti falta apesar de todos os pontos bons
de entender um pouco da vizinhança
Tudo bem, eu não quero interpretar maus pensamentos.

- era posto um belo travessão
- pelo menos era uma tentativa de colocar

OK, OK, MALUCO.

- Ok, pode ser maluco também
Doida, doido, loque mesmo.
Aaaaa hahaha êôô parararara duum

O menino perguntou pra menina

onde é que estava menine

Menina ainda no processo de se encontrar

respondeu que nem sabia exatamente onde ela estava

pois a bagunça que fizeram

além de bagunça também era sujeira.

Então menino sugeriu que ela
fizesse uma faxina
e ela disse que só quando não
houvesse mais essa poeira
é que talvez pudesse dizer
de menine.

ELE SUJOU AINDA MAIS QUANDO BATEU AS CINZAS DO CIGARRO NO CHÃO E NOVAMENTE PROPÔS A LIMPEZA.

- GATILHO
- ESTATUTO DA UNIDADE PROGRESSISTA
- UM NOVO LAR PARA MENINOS POETAS PRETOS PERIFÉRICOS VIADOS QUE SE SUICIDAM, OU A BUSCA DA CURA

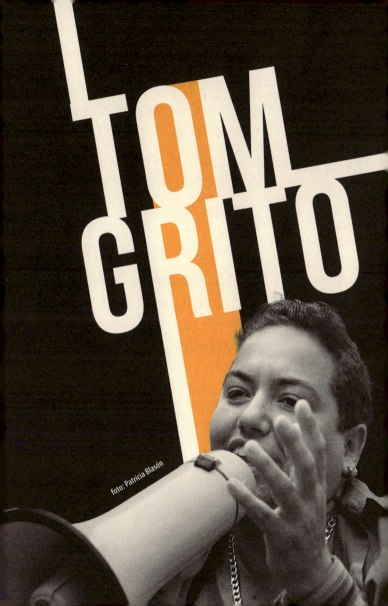

Eu tenho pesadelos, todas as noites

Eu tenho pesadelos e acordo com o choro

de minha mulher que não consegue dormir

Ela pergunta se eu quero que ela tire a perna de cima de mim

Ela pergunta se eu quero que ela tire o peso de nossos ombros

De nossos corpos cansados
Corpos gordos, cansados, com pelos nas axilas e feias. Feias, fatigadas, feministas e de esquerda. Não somos bonitas como as mulheres de direita.
As mulheres direitas são fraquejadas
e limpas e de axilas depiladas.
Não desminto essa informação.
Eles não entenderão que eu não sou mulher
e tampouco quero ser um homem.

ELES JAMAIS ENTENDERÃO A ESCOLHA DE SER UM CORPO MANIFESTO NA CIDADE.

Eles jamais respeitarão nossos nomes, nossas identidades, nossas corpas, gordas e grandes e sujas.

Ela me abraça com as pernas e range os dentes enquanto teme que algum homem volte do passado para fazer um mal repetidamente, violentamente, que viole nossos corpos, nossos direitos, nossas identidades.

Eu tento escrever essas memórias com um final menos cortante, e viro pro outro lado e juro que acredito que ontem mesmo eu tinha um poema na boca, uma palavra em que eu acredito que transformou outras mulheres, eu juro que anteontem mesmo eu falava essas palavras de esperança e revolução e várias mulheres ouviam e concordavam que somos revolução e eu juro, não, "quem jura mente", eu prometo que ontem mesmo eu vivi esse tipo de tortura, de violência, de silenciamento, ontem mesmo eu perdi, amigos, familiares, parentes, ancestrais, e eu prometo, pela minha vida, que hoje mesmo, - me abraça, meu amor, dorme tranquila - eu prometo que hoje mesmo a gente vai falar palavras de democracia, eu prometo, meu amor, que hoje mesmo a gente vai fazer acreditar novamente, a gente vai fazer, viver, acreditar, ser essa multidão.

Senhoras, senhores e
outros gêneros,

Fica decretado, a partir deste segundo turno

Que acabou a polarização
Vamos agora todxs num só rumo
Sem essa de arroz ou feijão
Quiabo ou damasco
Coxinhas ou mortadelas

Fica terminantemente proibida a bateção de panelas que a partir de agora viverão cheias, independente do material
Seja de inox ou de tefal

Afinal, quem é que acredita nessa distinção entre bem e mal?
Raiz ou Nutella. Civil ou capital
Comunista ou Cinderela
Bela, recatada ou do bar

"Gente é pra sonhar"

NÃO PRA MORRER DE TIRO
NÃO PRA SER CALADO
NÃO PRA ATIRAR

Fica instituída a partir de agora a sabedoria. E de hoje em diante todo mundo vai entender o que é democracia e ter direito a ter opinião,

 a ter diploma, emprego e religião e a não brigar pela fé
Pode ser, poeta, cantor ou artista.
Pode viver de sonho
Só não pode ser nazista.

Que é diferente de comunista
E alguns que não sabem fazem grande confusão

O politiquês será traduzido ao populês, ao preturguês, à solucionatica do pobrema, tudo será falado em poema que é pra bom entendimento.

E entenderemos o que são ruanês, economês, burguês, CPMF, iss, pra nunca mais escassez.

TOM GRITO

Aprenderemos que Fascismo
é resolver tudo na bala,

DITADURA

é silenciar todas as falas,

E TORTURA

é maltratar pra gerar medo.

Escolheremos não ter segredo sobre nossas identidades e
orientação.

Libertaremos todo padrão, e viveremos vida de patrão.

Fica instituído, decidido, de forma elucidada, clara ou escura
o direito

ao pão, à paixão, ao tesão,

independente de por onde saem ou entram os desejos.

Fica estabelecido o valor do beijo, dos poros e pêlos, e que a única necessidade numa relação é

de consentimento, amor, acalanto,

e dançar com qualquer canto.

Fica estabelecido a partir de agora que vamos ouvir a voz de quem sonha mais alto do que a de quem teme.

E vamos rir de meme e levar a sério o textão.

Vamos debater olhando no olho, independente do resultado, vamos nos importar com quem tá ao lado.

Entre outras mil, és Fake news desmascarada.

Seguiremos sorrindo, cantando, dançando e buscando por justiça, igualdade e pão. Por desejo, liberdade e tesão.

Não aceitaremos ser a nação do fascismo,
pois somos a nação do fascínio.

"...ÉS FASCINAÇÃO! AMOR! "

UM NOVO LAR PARA MENINOS POETAS PRETOS PERIFÉRICOS VIADOS QUE SE SUICIDAM, OU A BUSCA DA CURA

Sejam bem viados, diz o capacho em frente ao portal. Capachos são simbólicos. Normalmente viram metáforas.

Aqui, metáforas são reais. Entre tranquilo. Sei que a luz pode incomodar um pouco seus olhos ainda cansados pela materialidade, mas não os feche muito, aqui é um local onde ninguém ofusca ninguém e todos brilham incessantemente.
Afinal a vida aqui é repleta de luz. Não era isso que você veio buscar?

Amar, pode. Viver de poesia também. Transformamos cada beijo em sopro e cada fôlego em profunda respiração. Aproveite pra se adaptar às novas asas e mergulhe.
Afinal a vida aqui é repleta de poesia. Não era isso que você veio buscar?

A voz de todos ecoa como um mantra, e todos sabem a hora de calar para ouvir. Fique atento ao instante.
Você também saberá.

Afinal a vida aqui é repleta de compreensão.
Não era isso que
você veio buscar?

Todas as manhãs ouvimos o canto dos pássaros, cheiramos
as flores e rolamos nus em gramas úmidas antes de banhar
nas águas doces que acalmam nossos corações. Há muito
banzo da vida pregressa.
Afinal, a vida aqui é repleta de aconchego. Não era isso que você
veio buscar?

Não se preocupe com as contradições, nuvens poderão servir de
solo e pétalas frequentemente flutuam junto da leveza das almas
de nossos companheiros.
Afinal, a vida aqui é repleta de leveza. Não era isso que você veio buscar?

O arco íris tem cores mescladas e aponta sempre que
você escolhe quando é manhã.
Afinal, a vida aqui é repleta de cores.
Não era isso que você veio buscar?

Ser feminino pode, ser masculina também, mas preferimos estes
seres híbridos, gente livre que dança ao redor das estrelas. Vê
aquele cometa? É Daniel que acabou de chegar e encontrou tudo
que também buscava. Dancemos.

COLEÇÃO SLAM

TOM GRITO

BIOGR

BRAD WALROND

Poeta, escritor, performer e ativista. Nasceu em Nova York, filho de pais caribenhos. Desenvolve projetos relacionados ao New Black Arts Movement, a New York Ballroom Scene, e as artes políticas queer e movimentos ativistas que surgiram em resposta ao racismo, à homofobia e a pandemia do HIV/AIDS.

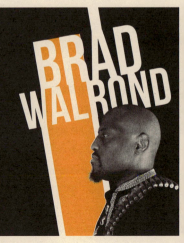

AFIAS

INGRID MARTINS

Ingrid Martins é escritora, que durante a trajetória se descobriu poeta. É cabeleireira, designer e produtora cultural. Faz parte da coletiva Batalha Dominação e do Slam da Norte. Criadora do Selo Inmart, e autora dos zines "Poesia" e "Vertical".

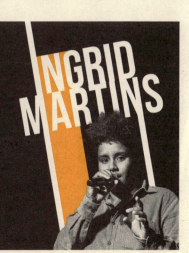

BICHA POÉTICA

Cearense, natural de Sobral, 24 anos, é poeta, artivista, produtor cultural, slammer é a manifestação artístico-cultural e performática. Bicha poética é uma manifestação artística-cultural do Alter Ego de um artista negro, não binário e nascido em periferia, que começou a utilizar o poder da fala como refúgio e instrumento de luta para denunciar as opressões vivenciadas por corpos negros, LGBTQIA+ e periféricos.

BOR BLUE

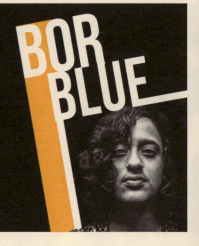

Agênero, Poeta marginal, cantxr, compositxr, suas letras e poesias, retratam sua vivência enquanto mulher preta e sapatão periférica, denuncia os abusos vividos diariamente, participa de competições de poesia falada, o SLAM, ganhou várias edições no Pará e participou de edições em SP e da Flup, no RJ. Toca carimbó em espaços públicos de Belém, nascidx e criadx de frente pro sol em Icoaraci.

BIOGRAFIAS

Warley Noua Performa e interpreta suas convicções, seus desafios e seus cotidianos com uma visceralidade que só estando ali pra sentir, se sentir inteira! Muito mais que textos, músicas ou ações bem executadas. A Artista relaciona uma linha tênue entre vida e viver, encontrando novas definições para com seu cotidiano e sua arte! Vivona e consciente. Víbora.

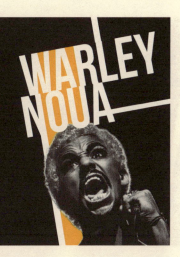

"Carú de Paula é um corpo Trans nascido em São Paulo, que se move sob a luz da ética de se reconhecer mórfico em um mundo que se estrutura por afetações cotidianas. É psicólogo, poeta, escritor, organizador do Slam Marginália, um militante dos afetos, um sonhador, uma denúncia ao estruturado, uma pedra lapidada no caos, rubricada na noite e nascida na luz. Um corpo."

MAMBA NEGRO

Eric Cardoso ou Mamba Negro é poeta, escritor, performer, jovem baderneiro e questionador, existindo na parte mais extrema da zona leste, começou na arte ainda cedo em igrejas e após perceber que o cristianismo abominava tudo que ele era, apenas fugiu de tudo e se tornou Mamba, hoje é uma blasfêmia e, como ele se auto intitula o mais Freak da cena.

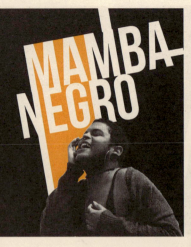

JOMAKA

Artivista. Poeta marginal antimanicomial. Educador social. Estudante de Pedagogia. Membro dos coletivos Academia TransLiterária e Mascucetas. Pessoa trans não binárie, intersexual, 28 anos, vivo.

BIOGRAFIAS

Meu corpo é um palavrão
Substantivo composto
Vulgo
  Bixa- preta.

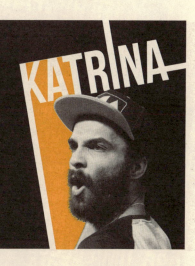

É poeta. Dedica-se à poesia falada e às
micro-revoluções político-sociais onde
a poesia incinera, afaga,
afeta e transforma.
Em 2017, fundou o Slam das Minas RJ
e representou o Brasil Rio Poetry Slam
na Flup. Em 2018 integrou a banca
avaliadora do Flup Poesia Preta,
realizou oficinas para a Rede SESC e
participou do circuito SESC Arte da
Palavra. Em 2019 lançará seu primeiro livro e segue lutando contra
o fascismo com sua poesia.

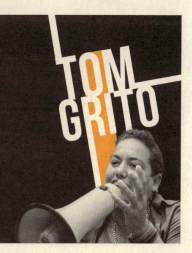

.GATILHO .PARA QUEBRAR O CORPO .DO TRONCO AO PAU DE ARARA, NINGUÉM EXPLICA DEUS .CONTRA INDICAÇÃO CICLO DOS 21 .AGENTE SECRETO .UM NOVO LAR PARA MENINOS POETAS PRETOS PERIFÉRICOS VIADOS QUE SE SUICIDAM, OU A BUSCA DA CURA .BIXA PRETA .RAINHA PANDÊMICA .1986: UMA ELEGIA PARA NOSSA GUERRA MAIS FRIA .LABUTA DO CRIME .MACUMBA .MOÇO .ESTATUTO DA UNIDADE PROGRESSISTA .É MENINO OU MENINA? .AI EU CHORAVA .DENÚNCIA .XICA MANICONGO .ELA ACEITOU CARNA VRAL .BRASILIÊNCIA .LOUCU ENTREGUE .RAINHA PANDÊMICA .19 UMA ELEGIA PARA NOSSA GUERRA MAIS FRIA .LABUTA DO CRIME .MACUMBA .MOÇO .ESTATUTO DA UNIDADE PROGRESSISTA .É MENINO OU